家居背景墙 丛书

沙发背景墙

本书编委会◎编著

Sofa &
Decorative
Wall

北京科学技术出版社

图书在版编目（CIP）数据

沙发背景墙/本书编委会编著．－北京：北京科学技术出版
社，2008.5
（家居背景墙）
ISBN 978－7－5304－3685－1

Ⅰ.沙… Ⅱ.本… Ⅲ.住宅－装饰墙－室内装饰－建筑
设计－图集 Ⅳ.TU241－64

中国版本图书馆CIP数据核字（2008）第049049号

沙发背景墙——家居背景墙

作　　者：本书编委会
责任编辑：朱琳
责任印制：张良
封面设计：水长流文化发展有限公司
版式设计：许海峰
图文制作：吕梓源　王凤波
出 版 人：张敬德
出版发行：北京科学技术出版社
社　　址：北京西直门南大街16号
邮政编码：100035
电话传真：0086－10－66161951(总编室)
　　　　　0086－10－66113227(发行部)　0086－10－66161952(发行部传真)
电子信箱：bjkjpress@163.com
网　　址：www.bkjpress.com
经　　销：新华书店
印　　刷：北京地大彩印厂
开　　本：787×1092　1/16
印　　张：4
版　　次：2008年5月第1版
印　　次：2008年5月第1次印刷
ISBN 978－7－5304－3685－1/T·579
定　　价：22.00 元

前 言

　　背景墙在装修中占有相当重要的地位，也是视觉的焦点所在。背景墙通常是为了弥补墙面的空旷，同时起到修饰的作用，所以其装修就尤为讲究。

　　"家居背景墙"丛书共6册，分别从电视背景墙、沙发背景墙、床头背景墙、餐厅背景墙、玄关背景墙、天花与走廊侧墙等多个空间和角度剖析案例，并阐述了装修中的注意事项和原则。

　　"家居背景墙"丛书精选了大批的优秀设计方案。这些案例代表了现今家装设计的创新趋势，将个性与时尚风格的线条、色彩、造型等装饰元素，创新性地融入到了现代的家居设计中，使其更符合现代人的生活要求与审美情趣。

　　"家居背景墙"丛书不但对每个案例进行了阐述说明，还对主要材料的名称进行了标注，使您在购买或设计中能准确地表述。

　　装修对大多数人来说都是陌生的，又实在是件劳神又费力的事，在装修前系统地了解一些案例，可以让您提前做好各项准备。希望这套丛书能帮您打造一个温馨而个性的家。

　　丛书的出版得到了以下设计师和作者的支持：许海峰、吕梓源、赵玉文、冯晓丹、孙涛、任俊秀、王凤波、张凤霞、王乙明、胡继红、黄俊杰、张国柱、王红强、袁杰、李涛、卢立杰、柏丽、张秀丽、许建伟、陈素敏等，在此表示感谢。

★一进门便可以看到这个不一般的沙发背景墙，简洁的设计与空间风格如出一辙，特意安排的通透小窗，则为家里增添了动感与灵气。

首先确立位置

很多家庭的客厅都会有一面短墙和一面长墙，电视与沙发究竟该如何分配空间呢？有的人会说短墙放沙发，长墙布置电视墙，因为长墙在进大门的对面，他们认为进门最先看到的应该是电视才对。一开门就看到沙发，感觉不太好。至于做玄关，又会牵扯到客厅面积的问题，担心如果面积小，玄关又会占据很大的空间。

但事实上玄关并不是要将客厅堵个严实，似挡非挡的玄关才有灵气。而且从风水上来说，进大门两条斜45度线出去是所谓的财位，这种效果可以让家更加通透，使人们心情更加明快，所以看见沙发是更好的选择。如果从看电视的角度来思考，那么我们就要看太阳的位置，阳台多半朝南，白天太阳在东面，考虑到反光的问题，电视应该在东墙的位置。

白色混漆

玻璃隔断 | 成品石膏板

★沙发背景墙已经不是空间中的重点，因而无需繁杂的装饰，在射灯的点缀下，三幅个性的画成为主体，简洁有力的装饰着这里。

★设计师显然对空间的利用得心应手，不仅让小小的玄关起到分隔与阻挡之功效，而且利用半透明的玻璃材质，让视线得以延伸。

彩色乳胶漆

彩色乳胶漆

★蓝与白的主题空间中，沙发背景墙蓝色与白色的比例，不仅延续了主题色彩，更增添了空间的趣味性。

★在艺术空间中，规则已经不再重要，鲜明的色彩与灵活的布局为这个空间增添无数灵气。

↑L形沙发自然分隔了会客区与玄关区，功能至上的素雅空间中，设计师利用沙发背景墙巧妙地打破了先前的纯净。

↓沙发背景墙选择与地面相同材质，为主人省去了不少心思，挂一幅国画，不仅简单，更提升了空间的品位。

水晶珠装饰帘　　　装饰画　　　　　　　　墙纸

↑把一层作为会客区，空间面积已经不成问题，但如何让家中的线条更加流畅呢？也许这种处理沙发背景墙的方法就很得当。

↑将中式元素运用到家居装饰中无疑是当下的设计潮流，沙发背景墙的设计重点与空间整体基调一致，简单易行。

↓在这个典型的会客空间，虽然沙发被放置在空间的中央，但为了寻求呼应，设计师在背景墙面上选用了与沙发布花色相同的壁纸。

★空间是以冷色系为主，沙发背景墙当然不能热得过火，于是，在尽力调浅背景墙涂料的同时，还在其上挂有白色装饰画，以降低空间热量。

主人与色彩

　　背景墙作为客厅装饰的一部分，它在色彩上的把握总是需要与整个空间的色调相一致。如果沙发背景墙的主色系与客厅的主色系不协调，不但会影响感观，还会影响主人在此的情绪。而主人的情绪好坏，则要看选择的色彩是否与他的性格相配。

　　从风水学的角度来看，沙发背景墙的色彩选择可以以主人的生辰作为依据，春夏两季出生者因为热量已经足够，通常喜欢冷色，因而可陪衬清雅的寒色系（如白色、浅蓝色），而秋冬两季出生者则正好相反，因而可以陪衬明亮的色调（如黄色、红色）。

墙纸　　　　　　　　玻璃隔断

成品石膏板

★主人显然很有个性，选择黑色壁纸与玻璃隔断相搭配，暖色调的花形也下足了功夫。

★简单的石膏板组合，虽然色彩浓艳，但足以为空间增添沉稳与大气。

★清雅的空间，明亮的色调，统一的色彩布局，从中不难看出主人的喜好。

★浅绿色的背景墙采用了沙发面料的色彩，让空间得到了延伸和拓展。

★一幅风景画，不仅与简洁的空间表达相一致，色调更巧妙地取自主色系的灰。

└ 艺术玻璃

└ 凹凸板

★后现代主义渲染了这个原本并不开阔的空间，极简的家具与饰物都在烘托着沙发背景墙。

★在这间混搭空间中，中式元素已经成为主导符号，设计师利用凹凸板的拼接，抽象地延续了这一语汇。

└ 墙纸

└ 彩绘玻璃

★灰色沙发、红木边柜、玻璃隔断，这些看似毫无关联的设计元素，在沙发背景墙上全部可以找到它们的踪影，因而也将其联系在一起。

★利用玻璃的通透性延续空间，将简洁的花朵图案绘制其上，虽简单，但也特别。

★尽管主人喜欢另类，由于空间照度并不饱和，显然不能再以深色背景施压，因而只能在墙上的画面中稍作修饰。

"四正"择色法

决定沙发背景墙颜色必须要考虑整个客厅的方向，而客厅的方向，主要是以客厅窗户的面向而定。这其实是考虑了光线对空间色彩的影响。

窗户若向南，便是属于向南的客厅；窗户若是向北，便是属于向北的客厅。正东、正南、正西及正北在方位学上被称为"四正"，而东南、西南、西北、东北则被称为四隅。认准方向，便可以为背景墙选择合适的颜色，更弥补原有空间的缺憾与不足。

装饰画

★在小空间居室中，如何有效利用空间是首要问题，借助一个低台就可以形成沙发背景墙的独立空间。

橱柜

彩色乳胶漆

★暗色的背景墙显然是因为靠着落地大窗，才能如此。

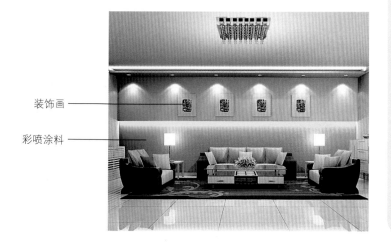

装饰画

彩喷涂料

★这面背景墙的主题是灯光，设计师分别采用了主光源和辅光源的方式来照亮会客区。

↑ 文化石、木材却偏偏碰上了玻璃与金属，沙发背景墙的设计严格遵循着空间理念。

↓ 玻璃材质的沙发背景墙上，挂着一幅墨宝，令这个古朴的空间中夹杂着时尚感。

装饰画

彩色乳胶漆　　　　装饰画

★印象派画作不仅表现出主人对生活的热爱，更与现代空间设计不谋而合。

★设计师大胆选用了空间中的主色调——中国红，以装饰沙发背景墙。

东向以黄色做主

　　东向客厅，背景墙宜以黄色来做主色。因为东方五行属木，乃木气当旺之地，按照五行生克理论，木克土为财，这就是说土乃木之财，而黄色是"土"的代表色。

　　故此，客厅若是向东，在选择沙发背景墙壁所用的油漆、墙纸、沙发时，宜选用黄色的颜色系列，深浅均可，只要采用这种颜色，可收旺财之效。

★南向的客厅，阳光比较充足，无论选择何种色彩都难以抵挡日晒，而白色则不会受其影响。

南向以白色做主

　　南向客厅，背景墙宜以白色来做主色。南方五行属火，乃火气当旺之地，按照五行生克理论，火克金为财，故若要生旺向南客厅的财气，则白色为首先，因为白色是"金"的代表色。

　　除此以为，采用白色这类冷色来布置，还可有效消减燥热的火气。而南窗虽有南风吹拂而较清凉，但因南方始终乃火旺之地，选用的油漆、墙纸及沙发均宜以白色为首选。

磨砂玻璃

彩绘玻璃 — 白色混漆

★空间色彩中的热量已经足够高，选择白色的背景墙，不仅是为了和谐色彩，更可以让空间降温。

★虽然是两层空间，但家居内的陈设仍显丰富，选择白色背景墙，可以让视觉空间显得开阔一些。

木质隔板

墙纸 — 装饰画

★单色细条纹样的背景墙图案，可以延展人们的视觉想像，同样可以起到拓展空间的功效。

★面朝东向的客厅，黄色是最佳的主色调，金碧辉煌的空间，足以给我们更多的想像。

↑在强烈的日照下，主人已将家居内最大限度地"褪色"，白色空间也许才是他真正想要的。

↓白色为背景的狭长空间中，有了彩色家具的搭配，空间就不那么单调了。

白色混漆 ————

★一如整体空间的色调，白色仍然是这里的主角。

墙纸 ————

沙比利面板 ————

★白黄相间的沙发背景墙上，主人仍采用白色这类冷色来布置，可以消减燥热的火气。

装饰画 ————

★再艺术的空间中，色彩法由仍是不变的真理。

↑为了让空间看上去不那么单调，设计师选取了沙发背景墙进行简单装饰。

↓大面积的落地南窗虽有南风吹拂而较清凉，但终因火旺之地，选用墙纸及沙发仍宜以白色为首选。

玻璃隔断

装饰画 ┐ ┕ 墙纸

★通透的结构让空间的动线流畅许多，浅浅的绿色玻璃也同样可以为家居带去清雅之气。

★挑高的客厅空间中，更需大气而又不乏精致的沙发背景墙，绿色图案的装饰画也同样可以起到旺财功效。

西向以绿色做主

西向沙发背景墙宜以绿色来做主色。西方五行属金，乃金气当旺之地，金克木为财，这即是说木乃金之财，而绿色乃是木的代表色，故若是用这种颜色布置，可收旺财之效。

并且向西的客厅下午西照的阳光甚为强烈，不但酷热，而且刺眼，所以用较清淡而又可护目养眼的绿色，十分适宜。

★转角沙发，让背景墙多了一面空间，设计师利用紫色调的窗帘形成一面沙发背景墙，起到同样的作用。

北向以红色做主

北间客厅的沙发背景墙宜以红色来做主色。北方五行属水，乃水气当旺之地，而水克火为财；因此若要生旺向北客厅的财气，便应选用紫色及粉红色。

但最好不要选用火红色，因为火红色容易让人脾气暴躁，好动。另外冬天北风凛冽，向北的客厅较为寒冷，故运用暖色系，可增添温暖的感觉。

装饰画

铝塑板贴面　磨砂玻璃

★在沙发背景墙上挂画,是最传统的方法,但挂什么样的画才是真正见功力的地方。

★这面背景墙比较丰富,不仅考虑了色彩的需求,更满足了功能需求。

★在简洁的空间中,沙发背景墙的表现同样重要。

↑为了使空间保持应有的连贯，沙发背景墙面没有被装饰物特意分割，相应的沙发也选择了条形的坐椅样式。

↓沙发背景墙上的挂画处理得比较巧妙，对面的水平方向与侧面垂直方向的玻璃中同样出现了这幅图画，给原本单一的空间增添了趣味性。

装饰画 ┐ ┌ 墙纸

★浅黄色的墙纸与深黄色的挂画，同样可以为东向客厅带来丰富的视野。

装饰画 ┐ ┌ 书架

★为了避免北向客厅中所要求的红色背景墙让空间太过刺激，选择一幅紫色的挂画与一套红木置物架来减轻色彩冲击。

雕花木板装饰 ┐ ┌ 墙纸

★用青砖墙纸作底，水彩画点缀其间的沙发背景墙，本身不就是一幅别有情趣的画面么？

┌ 木质隔板 ┌ 装饰画

★从空间的这一角落中，就足以看出，主人是一位自我意识很强的高雅女性。

↑浓烈的中国风迎面吹来，当下大热的中国红又怎能不在此露脸？

↓在这间东向的空间中，主人不仅选择金色作沙发背景墙，更选择了最适合的欧风作为这里的装饰风格。

墙纸 ——

装饰画 ——

★清淡的色调，幽雅的灯光，再配上几幅现代派画作，一所艺术空间就这样设计成了。

墙纸 ——

★暗红色的背景墙已经让空间沉淀了，其上的黑色花纹更让家居高雅许多。

装饰画 ——

★背景墙上的三幅画面各成一体，又可连成一幅，共同寓意着丰收，美满。

★布面的沙发背景墙与自然风格的家居设计相一致，其上三只简洁的画作也提亮了背景墙的色彩。

挂画需仔细

　　在沙发背景墙上挂画同其他背景墙一样，不仅是为了美观，同时也是为了化解不良风水。这样就存在着宜挂什么画和不宜挂什么画的问题。在选择时必须谨慎，像绘有九条鱼的九鱼图（"九"取长久之意，"鱼"取年年有余之意。九条可爱的鱼在嬉戏，寓意吉祥），画有三只羊的三羊图（成语"三阳开泰"，"羊"取其音，而"泰"是易经中的一个召福卦象，可以带来好运），或者是柔和的风景画，如日出、湖光山色、牡丹花等。还有颜容不得亲切，表情祥和的仙佛以及"百鸟朝凤"、"猴王献瑞"、"百骏图"等都比较适宜挂在沙发背景墙之上。

装饰画

木质装饰画 ┃ 装饰画

★别出心裁的设计，让独特的布料艺术成为沙发背景墙的装饰品。

★山水画与这间简中式家居非常相配，而其中的绿色也为家居带来了生机。

┗百叶窗

木质隔断 ┃

★由于面积的限制，沙发不再比邻墙面，因而背景墙的装饰性就更显得不重要了。

★半透明的镂空隔断，不仅区分了会客区与餐厅，更增添了古朴的情调。

★简洁的沙发背景墙似乎并不需要什么饰物来搭配，用一棵绿植点缀一旁岂不妙哉?

饰物也讲究

　　同挂画一样，饰物的摆放也很讲究。有些人喜爱在家摆放大象饰物，例如瓷象、玉象、铜像、石象等等，这是很有益的，象的饰物有"加强坐方力量"的含义。一般楼宇的风水喜欢后有靠山，而大象的体形庞大，如山一般，于坐方摆放的象饰，便有加强坐方的力量，当屋后无山时则以象做靠山论。

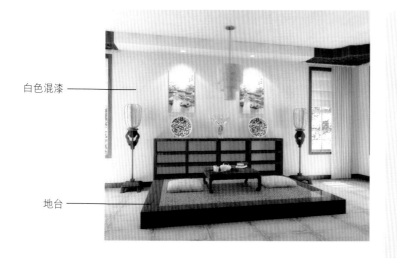

白色混漆

地台

★在席地而坐的中式茶室中，我们不难找到与之相对应的汉文化的饰物。

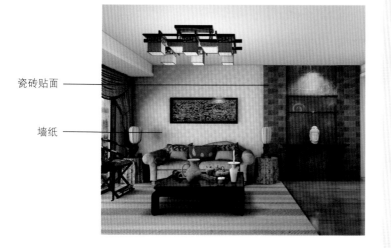

瓷砖贴面

墙纸

★在这个MIX空间中，沙发背景墙以白色为基础，其上以各种不同地域的饰物加以搭配。

装饰画

★在宏伟的金色中式壁纸前，佛像与书卷成了呼应主题的最佳搭档。

↑这面背景墙的装饰好像中国传统厅堂中央的装饰方法，但又去掉了那些琐碎的环节。

↓主人很清楚背景墙面的装饰不宜太多，因而在沙发旁边也作了些许修饰，一花一草皆与画中相配。

墙纸

玻璃隔断

↑沙发背景墙的功能固然重要，但也不能因此破坏了整体，设计师利用沙发所邻的两面墙壁，将其功能与装饰区别开来。

↑将精心收藏的画作挂在背景墙上，足能配得上任何有分量的饰品。

↓为了在细节之处表现主人的艺术气质，将一幅完整的画面拆分后，分别装裱也是一种方式。

★如果实在找不到合适的作品，用一些材料拼贴也不失为一种好方法。

绿色呼吸

　　现代家居时兴在室内放树，尤其是沙发背景墙的两侧。从风水上讲，家中摆放一些植物确实能给家里增添生气。但并不是所有的植物都适合摆放在家中，通常，有刺的或呈针状的，如杜鹃、玫瑰、仙人掌等，就绝不适宜摆放在家中，否则易出现家人轮流生病的情况。我们可选择一些枝叶茂盛的植物，颜色以青绿为上选，有花朵的亦可。品种有紫罗兰、万年青、龙骨等等，这些植物可使家人活力充沛，工作有魄力。

　　此外常见的丝带花、塑胶花亦可放于室内，这些摆设根本并没有生命，对于主人的影响不大。

瓷砖贴面

墙纸

★在这个特别的空间中，沙发背景墙并没有特别强调它的存在，红砖材质延续在整个空间中，流畅自然。

★在沙发背景墙上作一个简单的造型也是一件很艺术的事。

墙纸

墙纸   雕花木板

★黑白分明的空间中，高雅的背景墙装饰更添味道，红木边框配以书法墙纸，好似装裱过的字画。

★用三块雕花格栅组成的背景墙，可谓简洁又古朴，色调与家具搭配得当。

↑中式风格的家居中，沙发背景墙的装饰可以仿照古代中厅的设计方式，中规中矩又不失大气。

↑现代空间中，挂一幅现代派风格的抽象画，同样也很有意境。

↓木格和竹的搭配，给简约的空间中，多了几分文化气息。

墙纸

★后现代空间中，运用最简练的手法，直接满铺一色墙纸，就能达到酷的效果。

沙比利面板

装饰画

★现代主义家具与写实派画面搭配出一间超摩登空间。

装饰画

★家具、背景墙上的几何图案充斥着这个空间，一只造型同样简单的灯具却可以彻底打破这里的平静。

★选择家具时品牌和质量的重要性自然不必多言，单就设计搭配的角度，沙发的选择也大有学问。

摆放鱼缸的讲究

现在越来越多的人喜欢把鱼缸摆在沙发侧面，若是如此，鱼缸的摆放就存在问题。我们应把鱼缸摆放在靠近窗口的那一边。摆放在沙发背景墙旁的鱼缸，面积不宜太大，而且以长方为宜。

除了鱼缸摆放的宜忌外，金鱼的品种对风水的好坏也起决定作用。我们可以从水和鱼两方面来看，水，尤其是流水，是能够催动其所在方位的吉气或凶气的。因此生辰八字缺水的人，在客厅中摆放鱼缸会对运气大有帮助。但那些忌水的人，绝不适宜在客厅养鱼。而就金鱼来说，像龙吐珠，鱼身如一把利刃，性格较为凶猛，一般可以用它向着煞方，而且对财的增强也具有相当效力。黑摩利、黑牡丹等黑色身躯的鱼，也是用来挡煞的。其中以黑摩利效果更佳。七彩神仙、锦鲤、金鱼等色彩鲜艳，鱼性温和，人们大都用来生旺正财、和谐关系。

彩色乳胶漆 装饰画 墙纸

★沙发稳重大气，配以中式背景画，彰显主人品位。

★以金色为主的家居空间中，现代简约的装修风格，选择造型简洁的北欧现代沙发最为适合。

装饰画 玻璃隔断

装饰画 白色混漆

★选择一款大沙发，让它成为家居中的色彩中心，原本凌乱的色彩一下子就被理顺了。

★白色空间中，选择沙发应以简洁明亮为首要条件，同时搭配少许和谐的点缀，效果一下就出来了。

★沙发的款式、材质、色彩都应该与家居、沙发背景墙的整体装修风格协调。

★中式装修风格中，选择带有木制扶手、靠背的简约沙发非常合适。

装饰画 ┐   ┌ 磨砂玻璃

石膏板冲孔 ┐   ┌ 镜子

沙
发

背

景

墙

★主人有意挑选了这件规矩的沙发，墙上的画也是搭配元素之一，而旁边流线型的隔断则为这里带来了现代生活的气息。

★虽然主人挑选了一套比较传统的沙发，但背景墙的跳跃感却让空间不失欢愉。

客厅的颜色搭配

和谐色彩：

两到三种相近色调的颜色搭配，如蓝、绿或灰色，可产生精巧安静的效果。色彩搭配得当，可使房间或房屋浑然一体，显得宽敞。

侧重色彩：

对大面积地方选定颜色后，可用一种比其更亮或更暗的颜色以示渲染，如用于线角处。侧重色彩用于有装饰线的小房间或公寓，更能相映成趣。

对比色彩：

选用具有强烈对比效果的色彩，如亮对暗、暖色对冷色，可以达到生机盎然的效果。

↑家居中低的沙发是水，而高的电视是山，沙发背景墙无论如何不能抢了电视背景墙的"风头"，这才是理想的搭配。

↓别以为大价钱买来的油画就得完完整整的装裱起来，这么做太传统了。有时候，拼接其实更是一种美的表达。

木质隔板

墙纸

★放弃挂画的装饰，拿出几件镇宅之宝，摆放在沙发背景墙上的置物架中，效果也不错。

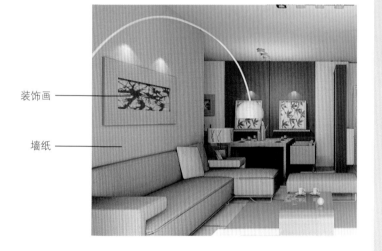

装饰画

墙纸

★简洁的家居风格中，挂一幅抽象画，可以更加简练空间语言。

墙纸

装饰画

★不去买名家画作，也不按风格常理搭配，只将自己的涂鸦之作展示出来。无心插柳也是一种境界。

↑在原有的大空间里凭空做出一面背景墙，既充分利用了空间，也为沙发背景装饰提供了场所。

↓此设计充分考虑了收纳功能。既然电视墙充分利用了空间，那么沙发墙就应简洁，让视觉不显杂乱。

↓在传统的中式空间中，书法是最能表达主人品位的装饰元素。

石膏板冲孔

墙纸　　雕花装饰木板

★一扇苏州园林式的门洞，几只绿绿的青竹，寥寥几笔就勾勒出一副江南水乡的画面。

★现代沙发和欧式水晶吊灯，极简茶几与烛台、红酒，这些极有戏剧色彩的搭配，正如背景墙上的戏剧性画面所表现的那样。

高山流水

　　风水学上以高者为山，以低者是水。以客厅而论，其中有高有低，有山有水才可产生风水效应。低的沙发是水，而高的电视是山，这才是理想的搭配。但是综观现在的家居设计，电视柜普遍要比沙发矮些，如果不经化解的话，便会形成有水无山的格局，将严重影响整个居家风水。

　　因此，除了要在摆放电视柜的那面墙上大做文章，更需要我们在沙发背景墙区域的设计上加以注意，可以挂画或者摆放些饰物，令空间变得有高有低。可见，背景墙除了能起到装饰美化客厅的效果，还包含了相当的风水内涵。

↑现代欧式空间中，金色的表现不再那么浓烈，但几幅绘画也可将主人对西方生活的热爱表露出来。

↓在足够大的空间中，让沙发背靠大窗也是一个好方法，明快却不失庄重。

装饰画 墙纸

石膏板造型背景

★静物油画是最有代表性的欧式家居装饰元素，典雅的色彩给了空间更多想像。

★在新古典主义中，设计师将沙发背景墙装饰成一扇门，使空间得以延伸。

墙纸 石膏板造型

镜子

★在乡村风格的空间中，表现乡间风情的画面最合适不过了。

★通过镜子装饰沙发墙，可以延展空间。而墙面上一幅幅同样的画面，更给人无数错觉的想像。

★背景墙的布置以表现艺术为重点，中间的画面与两旁的雕塑如出一辙。

不要随意分割

电视背景墙的塑造形式要十分注意，避免有尖角、突出的设计，如三角形，以防止形成"煞"相。尽量不要对背景墙进行毫无意义的凌乱分割，否则易使家人精神紧张，心神不宁，严重危害其身体健康。宜采用以圆形、弧形或平直无棱角的线形为主要造型，它蕴涵着圆融美满之意，使家庭和睦幸福，和和美美，平平安安。

装饰画

★几幅经典的名画顿时提升了这个原本平淡的空间品位。

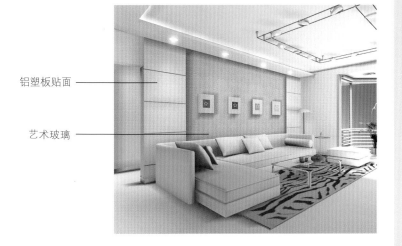

铝塑板贴面

艺术玻璃

★悬挂不同的画品本身就会令墙面产生凌乱感,因而需要一面统一色彩的背景墙作底板,上面的风景才会美。

墙纸

墙纸

★简单的一个"福"字,就道出了主人对生活的美好态度,而不同的写法更是主人对自己精彩各异的每一天的期盼。

沙发

背

景

墙

↑为了利用好空间，又不至于阻碍沙发后面的风景，设计师将背景墙设计成造型独特的镂空镜面。

↓此空间虽然以意大利风格为设计意图，但仍遵循了中国风水从高到低的法则。

↓当电视背景墙没有完成吸音的功效时，完全可以把这个任务交给对面的沙发背景墙。

聚晶玻璃

墙纸

↑面对五米高的挑空背景墙，很多人都会对此处的装饰表示头疼，如果你实在无法挑选出一幅中意的画作，简单的造型设计效果也不差。

↑现代空间中运用了古典的色调，很容易让人感觉沉闷，此时就要恰当地运用灯光了。

↓木材是这里的核心元素，设计简单的一扇屏风就可以起到兼顾玄关与背景墙的作用。

★以自然为主题的家居中，挂画当然也要十分讲究，树是最好不过的内容。

★为了不让沙发背景墙显得平淡，设计师有意做了两道隐形光源。

墙纸 ┘ └ 胡桃木离缝拼贴

墙纸 ┘

★以青砖为背景的墙面上，两幅静物照片更加清晰，虽然色彩艳丽，但与背景墙所表现的属性是一样的。

★在这间很现代的空间中，主人仍选择挂几幅书法来提升效果，让这里显得更有文化气息。

象牙白大理石柱 ┘

装饰画 ┘

★以烛台、装饰画、拱形门为组合的沙发背景墙，虽然有些繁复，但仍体现了主人在家居风格表达上的统一性。

★小时候家里总有在墙面上挂地图的习惯，而现在的这幅地图画是不是也会给你带去儿时生活的记忆呢？

↑几幅简单的画面，就寓意出生活的真谛，在经历从无到有的过程中，是需要耐心的。

↓在墙面上做造型，本身就是一种艺术，而其中又陈设出珍贵的藏品，其艺术价值有增无减。

彩色乳胶漆

★新古典风格本身就会给人们很多想像的空间和实现的可能，在这里，主人就将各种风格的饰物与其搭配，效果别具一格。

樱桃木拼花

★用樱桃木拼接而成的沙发背景墙，忠实地体现了主人对自然空间的喜爱。

装饰画

★几个简单色块的装饰也让家有了不一样的感觉，而装裱的方式也给人一种动态的效果。

↑为了延续空间中古色古香的设计韵味，沙发背景墙面还专门采用了胡桃木的雕花格栅对背景进行装饰。

↓在家居装饰中，设计总是讲究呼应，电视背景墙的壁纸又一次运用在沙发背景墙面上，这种材料的呼应也很典型。

装饰画

★灯光为空间带来了层次感，也让沙发背景墙上的挂画成为这里的视觉中心。

胡桃木隔架　墙纸

★金属拼接而成的沙发背景墙与现代感很强的居室风格搭配得当。

装饰画

★背景墙旁，几株绿植的置入就可以让人感受到乡村气息的存在。

桦木面板

★传统的背景墙表达方式也能让人轻松自在，不会被装饰与色彩所困。

↑双色木板饰面设计很有层次感，玻璃隔架的装饰搭配白色的沙发使整个氛围通透明快。

↓整个客厅是简约风格的，沙发背景墙的隔架设计简约不失精致。

铝塑板贴面   镜子

彩色乳胶漆

★以条纹图案为设计元素的家居，背景墙壁与地面的装饰一同采用了可以延展视觉的竖形条纹。

★墙面是主人作品的汇集地，每完成一幅心爱的画作时，就会把它挂在墙上，你瞧，工作还在进行当中呢！

华丽居家的一道风景线

    当主人希望在会客厅体现出雍容华贵的气势时，我们不妨可以为沙发背景墙选一幅主人最喜爱的富贵图，并将其做整面墙景的设计。通过这个会客厅使主人可以观望到花园的自然景色，基于一种室内室外自然景观协调的设计理念，让沙发背景墙的图画与户外形成呼应，让客人感到放松、舒适。而天花上则可以垂挂一盏大大的水晶灯，点点金光闪烁，灯光在无数个水晶切面的反衬下，使周围更显华丽。

↑简练的设计手法给了空间更多想像，沙发与墙面的搭配，不仅在风格上路线相同，在色彩的呼应上也有异曲同工之妙。

↓当客厅空间完整到几近完美的程度时，我们就应该适当地将风水原理纳入其中了，北向的客厅，红色的背景墙最佳。

装饰画 ┐   ┌ 墙纸

墙纸 ┐

★鲜艳的沙发与地板，却搭配了黑白色系的沙发背景墙，戏剧性的画面让我们看到，主人一定是位个性鲜明的人。

★沙发与墙面中间隔着一条过道，此时的背景墙已不单是为沙发而做，因此，考虑设计时也需要周全一些。

马赛克 ┐   ┌ 墙纸

装饰画 ┐

★以马赛克与一色墙纸拼接而成的背景墙，虽看似丰满，却为日后的生活留下了可以继续完美的可能性。

★以现代元素为装饰的空间中，搭配一幅抽象画应该是最佳方案。

↑如果称这为简约风格，那么这面背景墙就已经简单到只有设计了，不难看出，每一个装饰物都是主人精心挑选回来的。

↓以中国红为主色的简约空间中，一只颇有代表性的灯具打破了原有的古板，成为连贯空间的元素。